Impressum
Verlag: BABADADA GmbH, Nedderfeld 112 , 22529 Hamburg
Geschäftsführer / Verlagsleitung: Harald Hof
Druck: Books on Demand GmbH, In de Tarpen 42, 22848 Norderstedt

Imprint
Publisher: BABADADA GmbH, Nedderfeld 112 , 22529 Hamburg, Germany
Managing Director / Publishing direction: Harald Hof
Print: Books on Demand GmbH, In de Tarpen 42, 22848 Norderstedt, Germany

skole
Szkoła

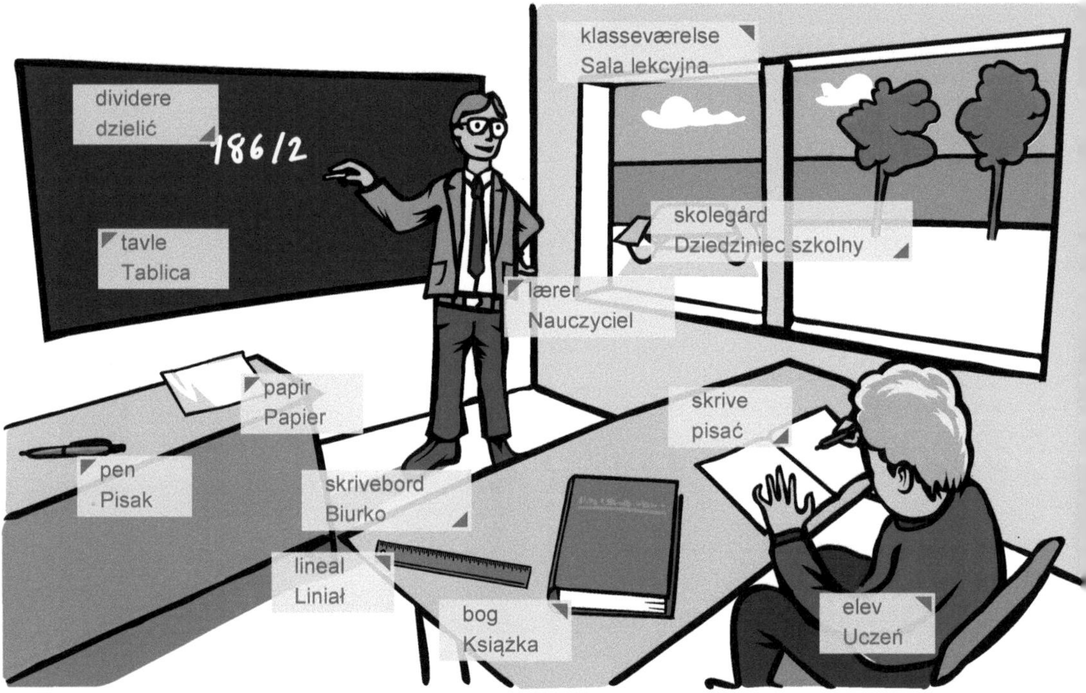
klasseværelse
Sala lekcyjna
dividere
dzielić
186/2
tavle
Tablica
skolegård
Dziedziniec szkolny
lærer
Nauczyciel
papir
Papier
skrive
pisać
pen
Pisak
skrivebord
Biurko
lineal
Liniał
bog
Książka
elev
Uczeń

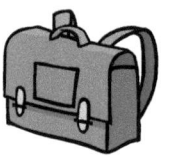

skoletaske

Plecak szkolny

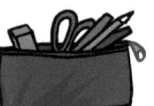

penalhus

Piórnik

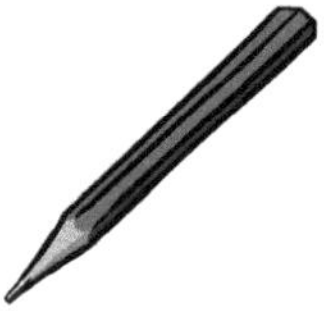

blyant

Ołówek

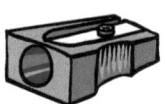

blyantspidser

Temperówka

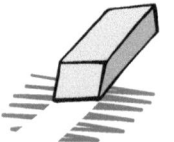

viskelæder

Gumka do mazania

tegneblok

Blok rysunkowy

tegning

Rysunek

pensel

Pędzel

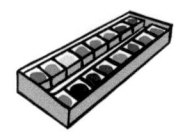

æske med vandfarver

Pudełko z akwarelami

saks

Nożyce

lim

Klej

opgavehefte

Książka do ćwiczenia

lektie

Zadanie domowe

tal

Liczba

addere

dodawać

subtrahere

odejmować

multiplicere

mnożyć

regne

liczyć

bogstav

Litera

alfabet

Alfabet

hello

ord

Słowo

tekst

Tekst

læse

czytać

kridt

Kreda

time

Godzina

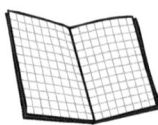

klasseprotokol

Dziennik lekcyjny

eksamen

Egzamin

karakterbog

Świadectwo

skoleuniform

Mundurek szkolny

uddannelse

Wykształcenie

leksikon

Leksykon

universitet

Uniwersytet

mikroskop

Mikroskop

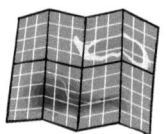

kort

Mapa

papirkurv

Kosz na odpadki

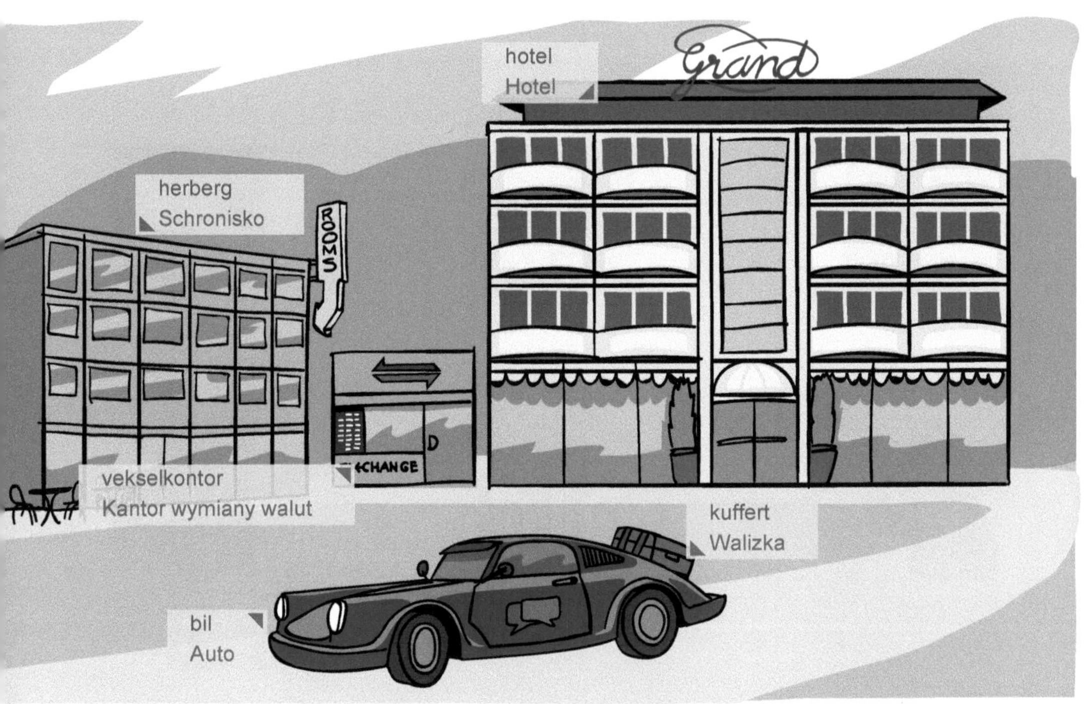

hotel
Hotel
Grand
herberg
Schronisko
ROOMS
CHANGE
vekselkontor
Kantor wymiany walut
kuffert
Walizka
bil
Auto

sprog

Język

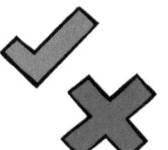

ja / nej

tak / nie

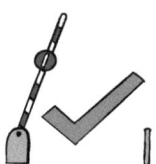

okay

OK

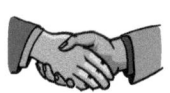

hej

Halo

oversætter

Tłumacz

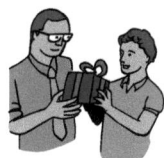

tak

Dziękuję

hvad koster...?

Ile kosztuje ...?

Jeg forstår ikke

Nie rozumiem

problem

Problem

God aften!

Dobry wieczór!

God morgen!

Dzień dobry!

God nat!

Dobranoc!

farvel

Do widzenia

retning

Kierunek

bagage

Bagaż

taske

Torba

rygsæk

Plecak

gæst

Gość

værelse

Pokój

sovepose

Śpiwór

telt

Namiot

turistinformation

Informacja turystyczna

strand

Plaża

kreditkort

Karta kredytowa

morgenmad

Śniadanie

middagsmad

Obiad

aftensmad

Kolacja

billet

Bilet

elevator

Winda

frimærke

Znaczek na list

grænse

Granica

told

Cło

ambassade

Ambasada

visum

Wiza

pas

Paszport

transport
Transport

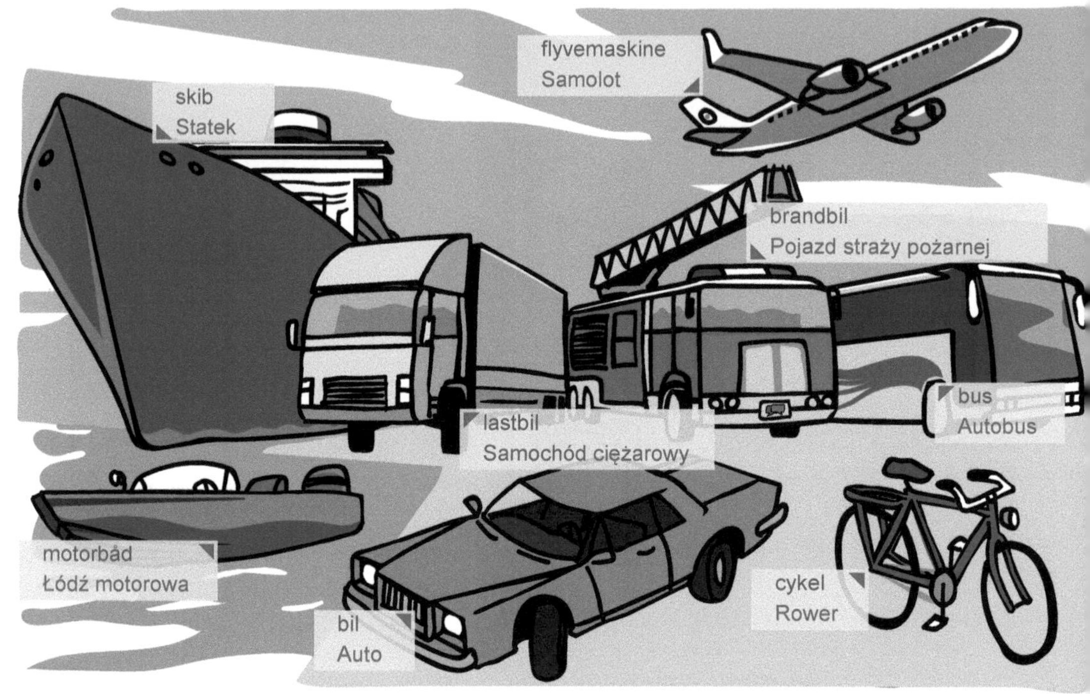

flyvemaskine
Samolot
skib
Statek
brandbil
Pojazd straży pożarnej
lastbil
Samochód ciężarowy
bus
Autobus
motorbåd
Łódź motorowa
cykel
Rower
bil
Auto

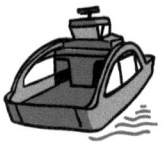

færge

Prom

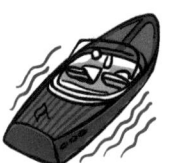

båd

Łódź

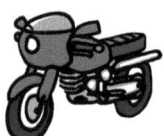

motorcykel

Motocykl

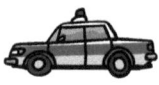

politibil

Radiowóz policyjny

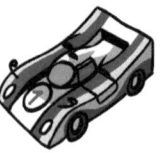

racerbil

Samochód wyścigowy

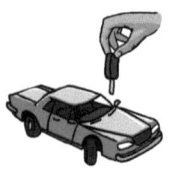

lejebil

Samochód wypożyczony

samkørsel

Wspólne przejazdy
samochodem

kranbil

Samochód pomocy
drogowej

skraldebil

Śmieciarka

motor

Silnik

benzin

Benzyna

tankstation

Stacja benzynowa

trafikskilt

Znak drogowy

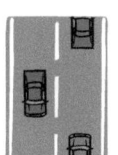

trafik

Ruch

trafikprop

Korek

parkeringsplads

Parking

banegård

Dworzec

skinner

Szyny

tog

Pociąg

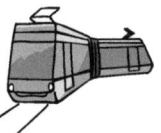

sporvogn

Tramwaj

wagon

Wagon

helikopter

Helikopter

lufthavn

Lotnisko

tårn

Wieża

passager

Pasażer

container

Kontener

karton

Karton

kærre

Taczka

kurv

Kosz

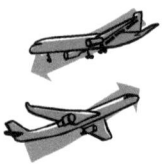

starte / lande

startować / lądować

by

Miasto

landsby

Wieś

bymidte

Centrum miasta

hus

Dom

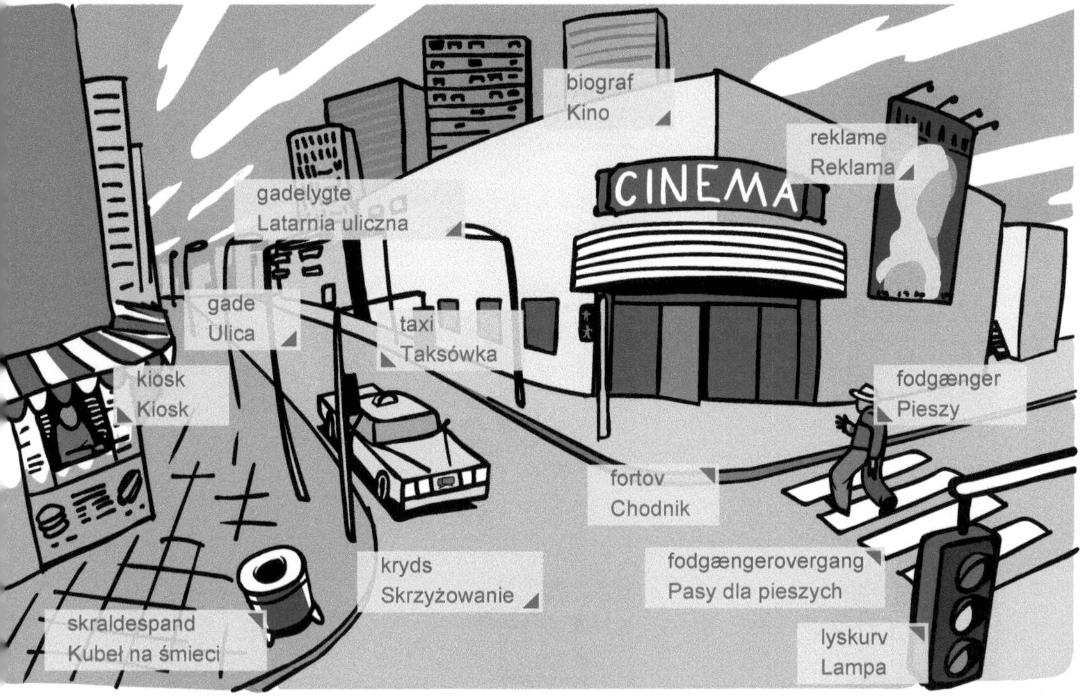

biograf
Kino

reklame
Reklama

gadelygte
Latarnia uliczna

CINEMA

gade
Ulica

taxi
Taksówka

kiosk
Kiosk

fodgænger
Pieszy

fortov
Chodnik

kryds
Skrzyżowanie

fodgængerovergang
Pasy dla pieszych

skraldespand
Kubeł na śmieci

lyskurv
Lampa

hytte

Chata

lejlighed

Mieszkanie

banegård

Dworzec

rådhus

Ratusz

museum

Muzeum

skole

Szkoła

universitet

Uniwersytet

bank

Bank

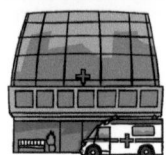

sygehus

Szpital

hotel

Hotel

apotek

Apteka

kontor

Biuro

boghandel

Księgarnia

butik

Sklep

blomsterbutik

Kwiaciarnia

supermarked

Supermarket

marked

Rynek

stormagasin

Dom towarowy

fiskehandler

Sklep z rybami

butikscenter

Centrum handlowe

havn

Port

park

Park

bænk

Ławka

bro

Most

trappe

Schody

undergrundsbane

Metro

tunnel

Tunel

busstoppested

Przystanek autobusowy

barnevogn

Bar

restaurant

Restauracja

postkasse

Skrzynka na listy

vejskilt

Tabliczka z nazwą ulicy

parkometer

Parkometr

zoo

Zoo

badeanstalt

Łaźnia

moske

Meczet

bondegård

Gospodarstwo chłopskie

miljøforurening

Zanieczyszczenie środowiska

kirkegård

Cmentarz

kirke

Kościół

legeplads

Plac zabaw

tempel

Świątynia

landskab
Krajobraz

blad
Liść

vejviser
Drogowskaz

vej
Droga

eng
Łąka

sten
Kamień

træ
Drzewo

vandrer
Wędrowiec

flod
Rzeka

græs
Trawa

blomst
Kwiat

dal
....
Dolina

bjerg
....
Góra

sø
....
Jezioro

skov
....
Las

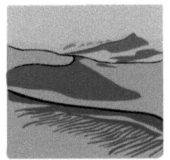

ørken
....
Pustynia

vulkan
....
Wulkan

slot
....
Zamek

regnbue
....
Tęcza

svamp
....
Grzyb

palme
....
Palma

moskito
....
Komar

flue
....
Mucha

myre
....
Mrówka

bi
....
Pszczoła

edderkop
....
Pająk

bille
Chrząszcz

frø
Żaba

egern
Wiewiórka

pindsvin
Jeż

hare
Zając

ugle
Sowa

fugl
Ptak

svane
Łabędź

vildsvin
Dzik

hjort
Jeleń

elg
Łoś

dæmning
Tama

vindmølle
Wiatrak

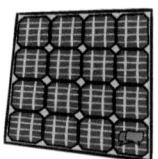

solcellemodul
Moduł solarny

klima
Klimat

restaurant
Restauracja

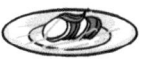

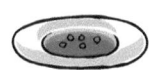

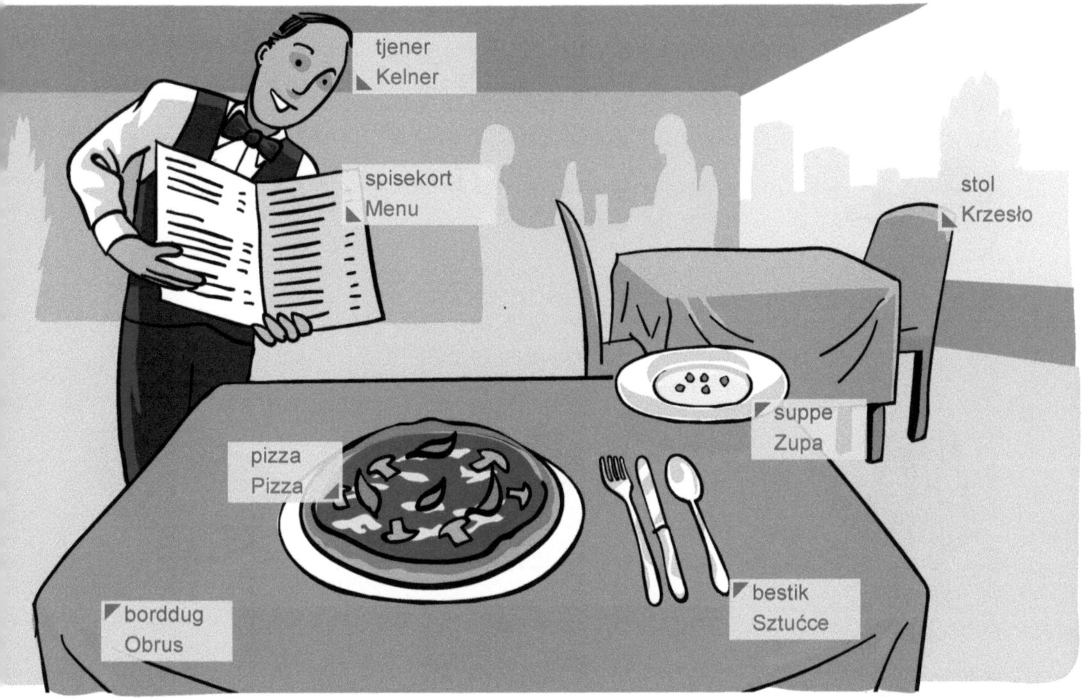
tjener
Kelner
spisekort
Menu
stol
Krzesło
suppe
Zupa
pizza
Pizza
bestik
Sztućce
borddug
Obrus

forret

Przystawka

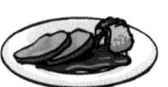

hovedret

Danie główne

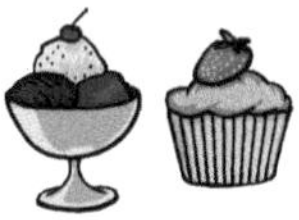

dessert

Deser

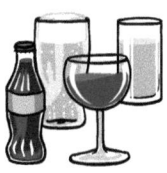

drikkevarer

Napoje

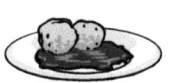

mad

Jedzenie

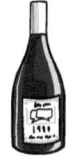

flaske

Butelka

fastfood

Fastfood

streetfood

Streetfood

tekande

Dzbanek na herbatę

sukkerdåse

Cukierniczka

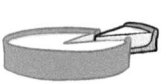

portion

Porcja

espressomaskine

Zaparzarka do espresso

barnestol

Krzesło dla dziecka

faktura

Rachunek

tablet

Taca

kniv

Noż

gaffel

Widelec

ske

Łyżka

teske

Łyżeczka

serviet

Serwetka

glas

Szklanka

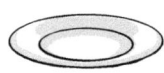

tallerken

Talerz

dyb tallerken

Talerz do zupy

underkop

Podstawek pod filiżankę

sovs

Sos

saltbøsse

Solniczka

peberkværn

Młynek do pieprzu

eddike

Ocet

olie

Olej

krydderier

Przyprawy

ketchup

Keczup

sennep

Musztarda

mayonnaise

Majonez

supermarked

Supermarket

tilbud
Oferta
FOR
kunde
Klient
mælkeprodukter
Produkty mleczne
frugt
Owoce
indkøbsvogn
Wózek sklepowy

BUTCHERS

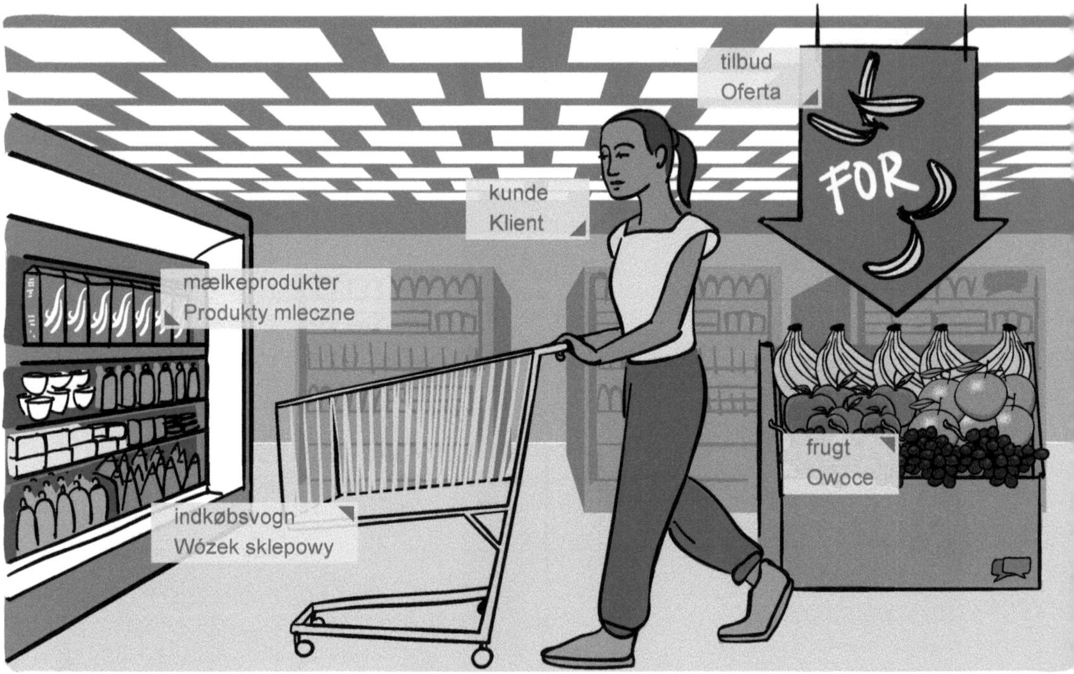

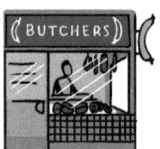

slagter

Rzeźnia

BAKERY

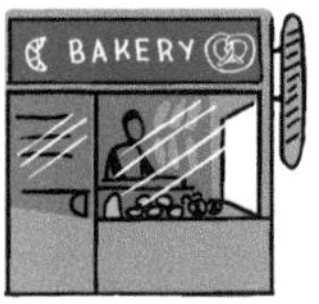

bageri

Piekarnia

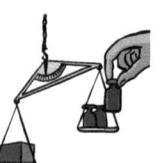

veje

ważyć

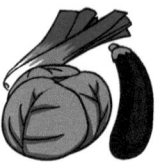

grøntsager

Warzywa

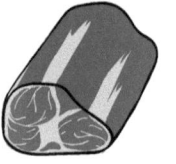

kød

Mięso

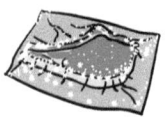

frostvarer

Mrożonki

pålæg

Wędliny

konserves

Konserwy

vaskemiddel

Proszek m do prania

slik

Słodycze

husholdningsvarer

Artykuły użytku domowego

rengøringsmidler

Środek czyszczący

ekspedient

Sprzedawczyni

kasse

Kasa

kasserer

Kasjer

indkøbsliste

Lista zakupów

åbningstider

Godziny otwarcia

tegnebog

Portfel

kreditkort

Karta kredytowa

taske

Torba

plasticpose

Torebka plastikowa

vand

Woda

saft

Sok

mælk

Mleko

cola

Cola

vin

Wino

øl

Piwo

alkohol

Alkohol

kakao

Kakao

te

Herbata

kaffe

Kawa

espresso

Espresso

cappuccino

Cappuccino

banan

Banan

æble

Jabłko

appelsin

Pomarańcza

melon

Arbuz

citron

Cytryna

gulerod

Marchew

hvidløg

Czosnek

bambus

Bambus

løg

Cebula

svamp

Grzyb

nødder

Orzechy

nudler

Makaron

spaghetti

Spaghetti

ris

Ryż

salat

Sałatka

pomfritter

Frytki

stegte kartofler

Ziemniaki pieczone

pizza

Pizza

hamburger

Hamburger

sandwich

Kanapka

schnitzel

Sznycel

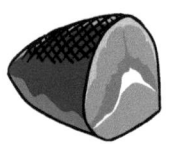

skinke

Szynka

salami

Salami

pølse

Kiełbasa

kylling

Kura

steg

Pieczeń

fisk

Ryba

havregryn

Płatki owsiane

mysli

Musli

cornflakes

Płatki kukurydziane

mel

Mąka

croissant

Croissant

rundstykke

Bułka

brød

Chleb

toast

Toast

kiks

Ciastka

smør

Masło

kvark

Twarożek

kage

Ciasto

æg

Jajko

spejlæg

Jajko sadzone

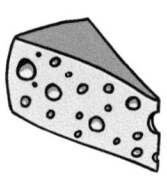

ost

Ser

is
....
Lody

sukker
....
Cukier

honning
....
Miód

marmelade
....
Marmolada

nougat-creme
....
Krem nugatowy

karry
....
Curry

bondegård
Gospodarstwo chłopskie

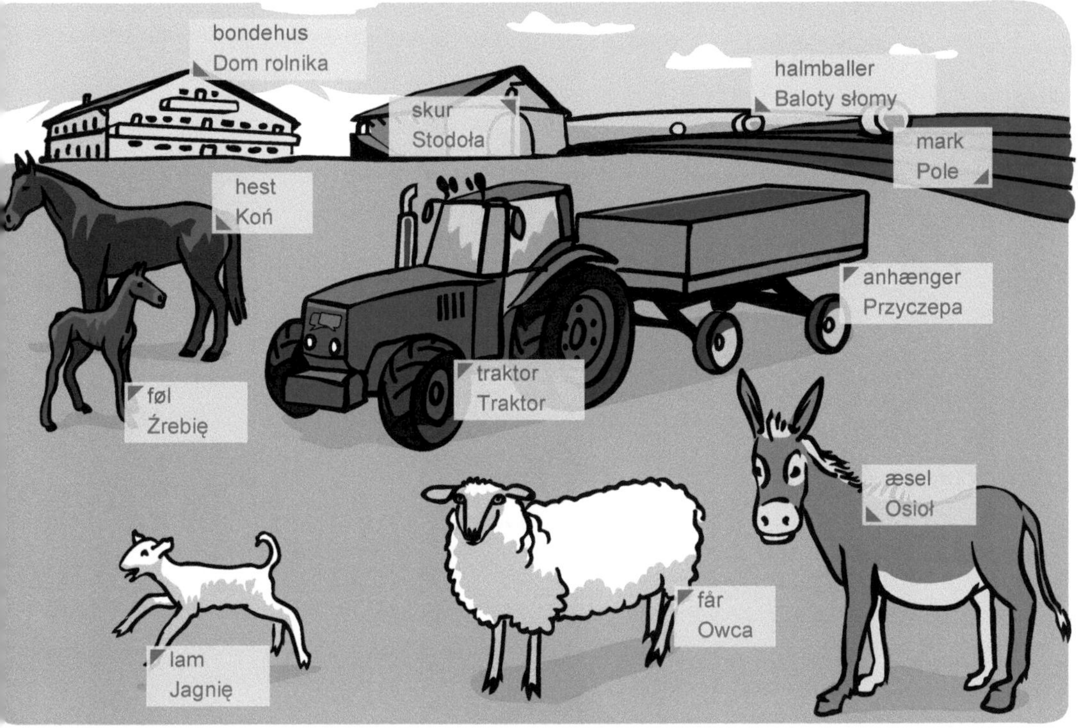

bondehus
Dom rolnika
skur
Stodoła
halmballer
Baloty słomy
mark
Pole
hest
Koń
anhænger
Przyczepa
føl
Źrebię
traktor
Traktor
æsel
Osioł
får
Owca
lam
Jagnię

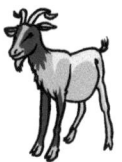

ged
Koza

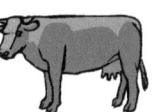

ko
Krowa

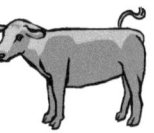

kalv
Cielę

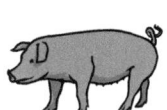

svin
Świnia

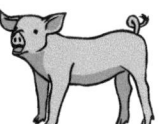

gris
Prosię

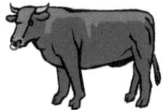

tyr
Byk

gås
Gęś

and
Kaczka

kylling
Kurczątko

høne
Kura

hane
Kogut

rotte
Szczur

kat
Kot

mus
Mysz

okse
Osioł

hund
Pies

hundehus
Buda dla psa

haveslange
Wąż ogrodowy

vandkande
Konewka

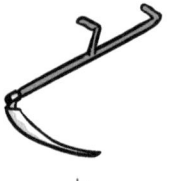

le
Kosa

plov
Pług

segl

Sierp

hakkejern

Graca

møggreb

Widły

økse

Siekiera

trillebør

Taczka

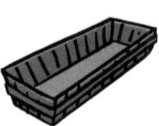

trug

Koryto

mælkekande

Kanka na mleko

sæk

Worek

hæk

Płot

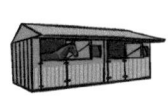

stald

Stajnia

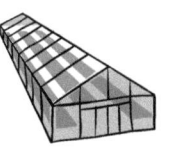

drivhus

Szklarnia

jord

Ziemia

frø

Nasiona

gødning

Nawóz

mejetærsker

Kombajn zbożowy

høste

zbierać

høst

Żniwa

yams

Podchrzyn

hvede

Pszenica

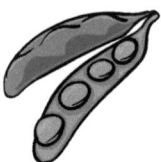

soja

Soja

kartoffel

Ziemniak

majs

Kukurydza

raps

Rzepak

frugttræ

Drzewo owocowe

maniok

Maniok

korn

Zboże

skorsten
Komin

tag
Dach

tagrende
Rynna deszczowa

vindue
Okno

garage
Garaż

dørklokke
Dzwonek

dør
Drzwi

skraldespand
Wiaderko na śmieci

postkasse
Skrzynka na listy

have
Ogród

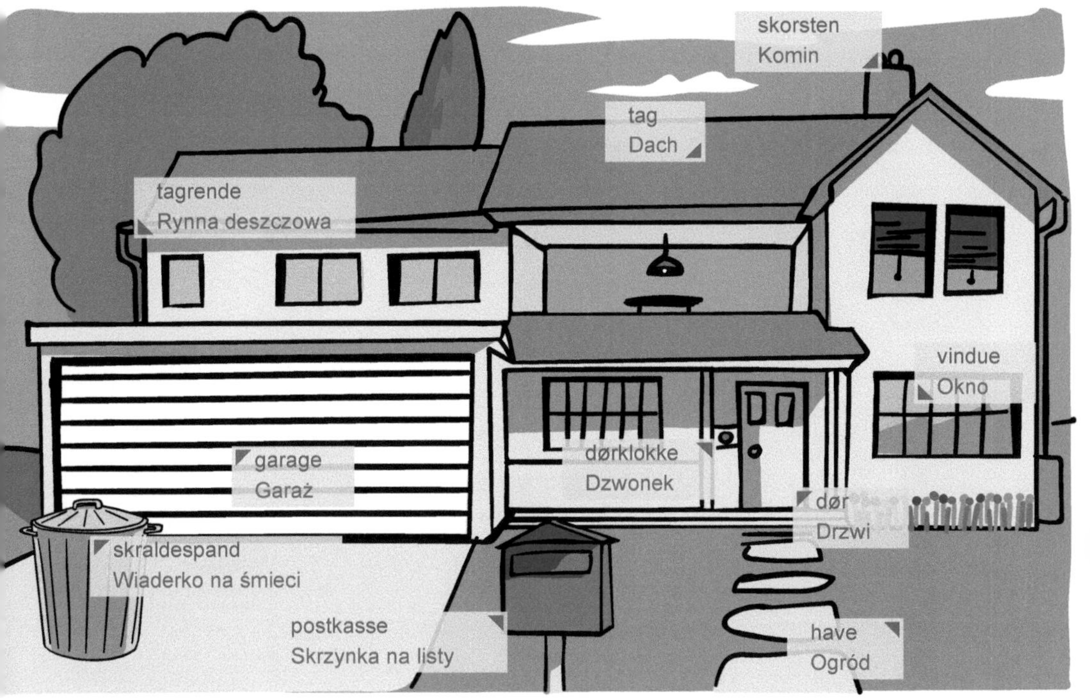

stue

Pokój dzienny

badeværelse

Łazienka

køkken

Kuchnia

soveværelse

Sypialnia

børneværelse

Pokój dziecięcy

spisestue

Jadalnia

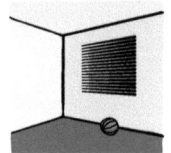

gulv

Ziemia

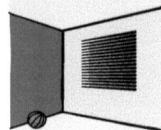

væg

Ściana

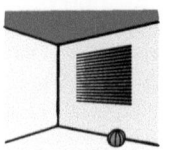

loft

Koc

kælder

Piwnica

sauna

Sauna

altan

Balkon

terrasse

Taras

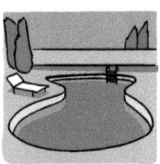

svømmehal

Basen

plæneklipper

Kosiarka do trawy

dynebetræk

Poszwa

dyne

Kołdra

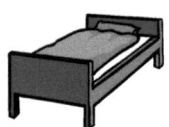

seng

Łóżko

kost

Miotła

spand

Wiadro

kontakt

Włącznik

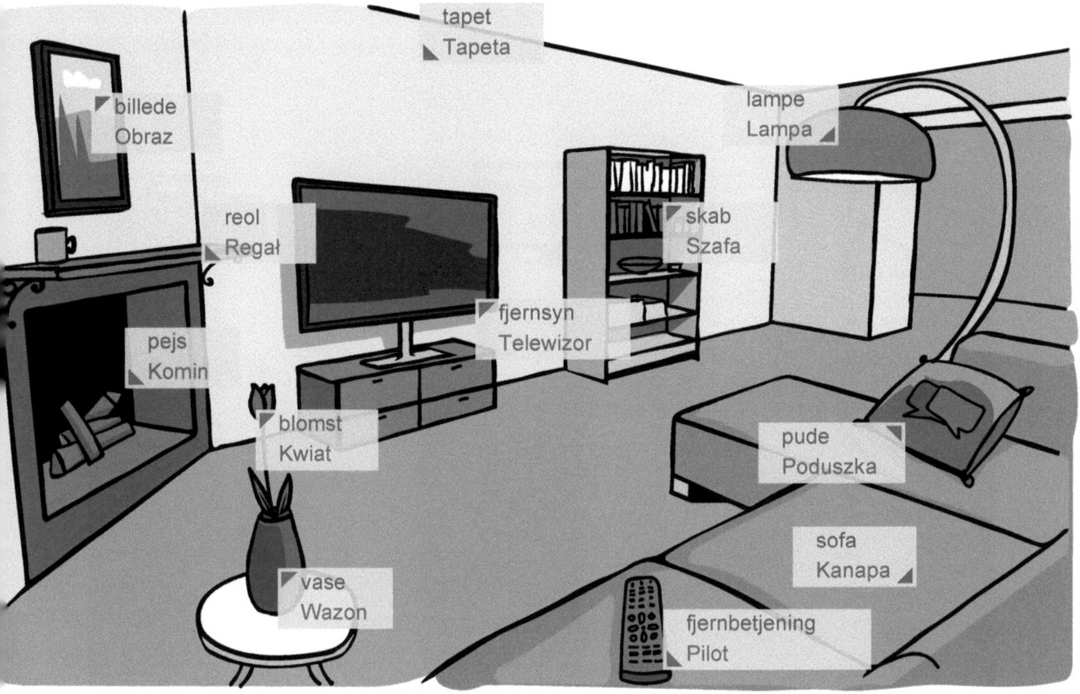

tapet
Tapeta

billede
Obraz

lampe
Lampa

reol
Regał

skab
Szafa

pejs
Komin

fjernsyn
Telewizor

blomst
Kwiat

pude
Poduszka

sofa
Kanapa

vase
Wazon

fjernbetjening
Pilot

gulvtæppe

Dywan

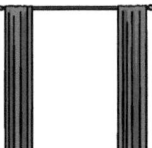

gardin

Zasłona

bord

Stół

stol

Krzesło

gyngestol

Bujak

lænestol

Fotel

bog

Książka

tæppe

Sufit

dekoration

Dekoracja

brænde

Drewno kominkowe

film

Film

stereoanlæg

Instalacja stereo

nøgle

Klucz

avis

Gazeta

maleri

Malunek

plakat

Plakat

radio

Radio

notesblok

Notatnik

støvsuger

Odkurzacz

kaktus

Kaktus

lys

Świeczka

køkken
Kuchnia

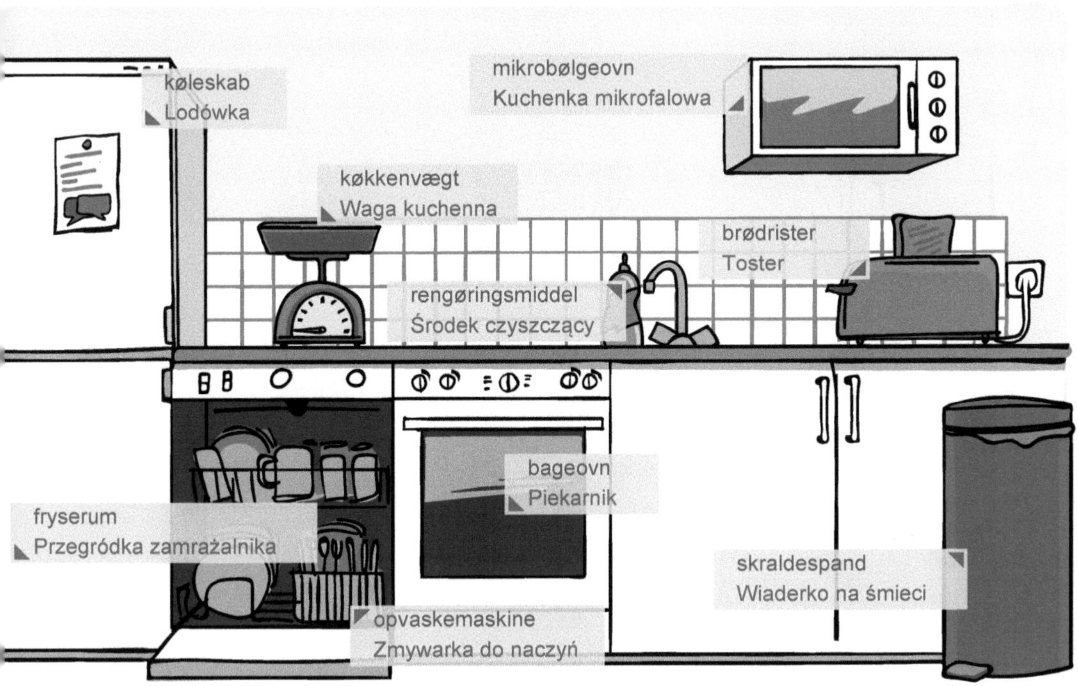
køleskab
Lodówka
mikrobølgeovn
Kuchenka mikrofalowa
køkkenvægt
Waga kuchenna
brødrister
Toster
rengøringsmiddel
Środek czyszczący
bageovn
Piekarnik
fryserum
Przegródka zamrażalnika
skraldespand
Wiaderko na śmieci
opvaskemaskine
Zmywarka do naczyń

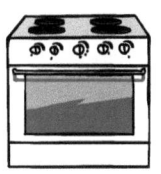

komfur

Kuchenka

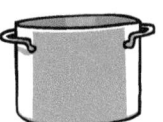

gryde

Garnek

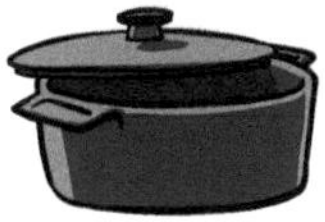
jerngryde

Kocioł żeliwny

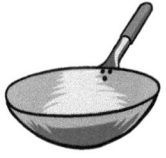

wok / kadai

Wok / Kadai

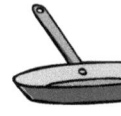

pande

Patelnia

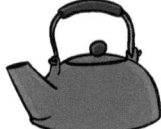

elkedel

Czajnik

dampkoger

Parowar

bageplade

Blacha do pieczenia

service

Naczynia kuchenne

bæger

Kubek

skål

Miska

spisepinde

Pałeczki

øseske

Nabierka

paletkniv

Łopatka do smażenia

piskeris

Trzepaczka do śmietany

dørslag

Cedzak

si

Sitko

rive

Tarka

morter

Moździerz

grille

Grillowanie

ildsted

Palenisko

skærebræt

Deska

kagerulle

Wałek do ciasta

proptrækker

Korkociąg

dåse

Puszka

dåseåbner

Otwieracz do puszek

grydelap

Ściereczka do trzymania garnka

køkkenvask

Umywalka

børste

Szczotka

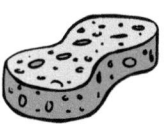

svamp

Gąbka

blender

Mikser

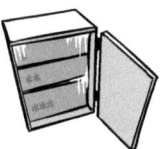

dybfryser

Zamrażarka

sutteflaske

Butelka dla niemowlęcia

vandhane

Kran

badeværelse
Łazienka

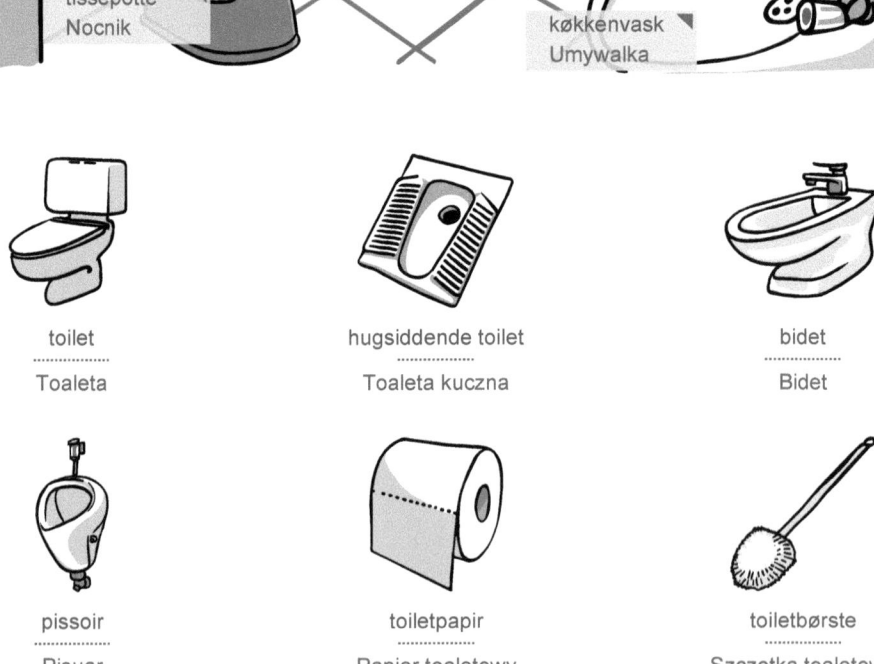

radiator
Ogrzewanie
håndklæde
Ręcznik
brusebad
Prysznic
bruserforhæng
Kotara prysznicowa
skumbad
Płyn do kąpieli
badekar
Wanna kąpielowa
glas
Szklanka
vaskemaskine
Pralka
vandhane
Kran
fliser
Kafelki
tissepotte
Nocnik
køkkenvask
Umywalka

toilet

Toaleta

hugsiddende toilet

Toaleta kuczna

bidet

Bidet

pissoir

Pisuar

toiletpapir

Papier toaletowy

toiletbørste

Szczotka toaletowa

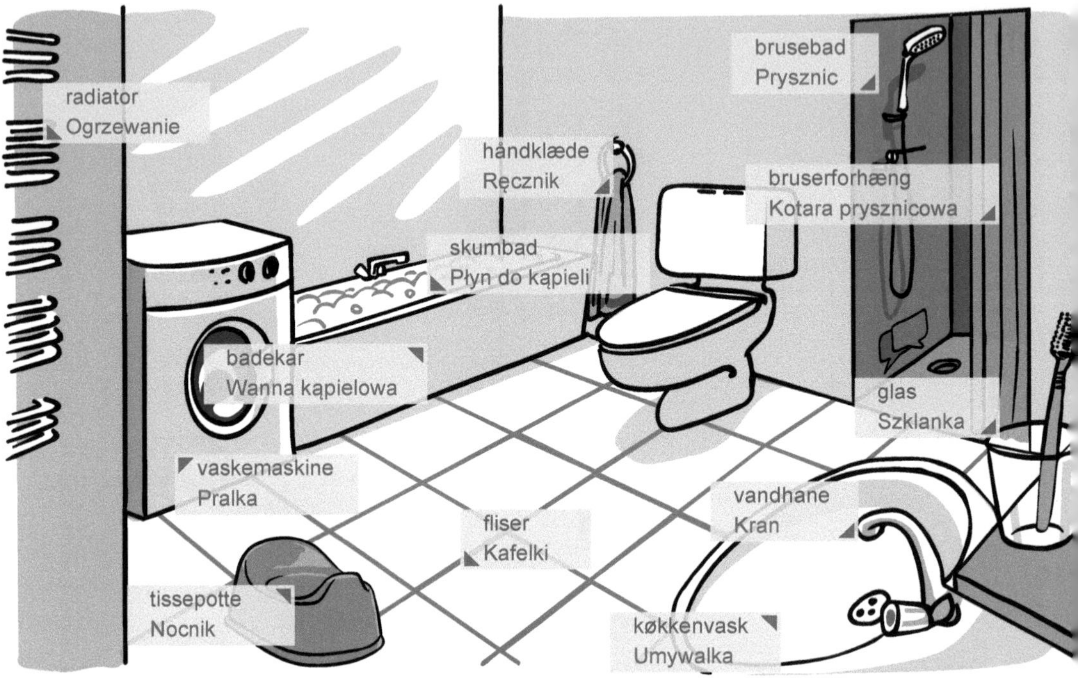

tandbørste

Szczoteczka do zębów

tandpasta

Pasta do zębów

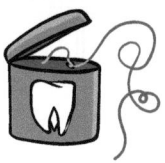

tandtråd

Nitki do czyszczenia zębów

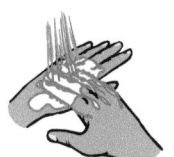

vaske

myć

håndbruser

Głowica prysznicowa

intimbruser

Płyn kąpielowy do higieny intymnej

vaskefad

Miska do mycia

badebørste

Szczotka kąpielowa

sæbe

Mydło

brusegele

Żel prysznicowy

shampoo

Szampon

vaskeklud

Rękawica kąpielowa

afløb

Odpływ

creme

Krem

deodorant

Dezodorant

spejl

Lustro

kosmetikspejl

Lustro kosmetyczne

barberhøvl

Golarka

barberskum

Pianka do golenia

barbervand

Woda po goleniu

kam

Grzebień

børste

Szczotka

hårtørrer

Suszarka do włosów

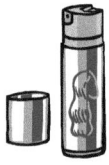

hårspray

Spray do włosów

makeup

Makijaż

læbestift

Pomadka

neglelak

Lakier do paznokci

vat

Wata

neglesaks

Nożyczki do paznokci

parfume

Perfum

toilettaske

Kosmetyczka

skammel

Taboret

vægt

Waga

badekåbe

Szlafrok kąpielowy

gummihandsker

Rękawice gumowe

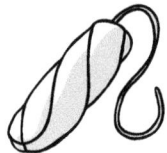

tampon

Tampon

damebind

Podpaska damska

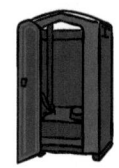

kemisk toilet

Toaleta chemiczna

børneværelse
Pokój dziecięcy

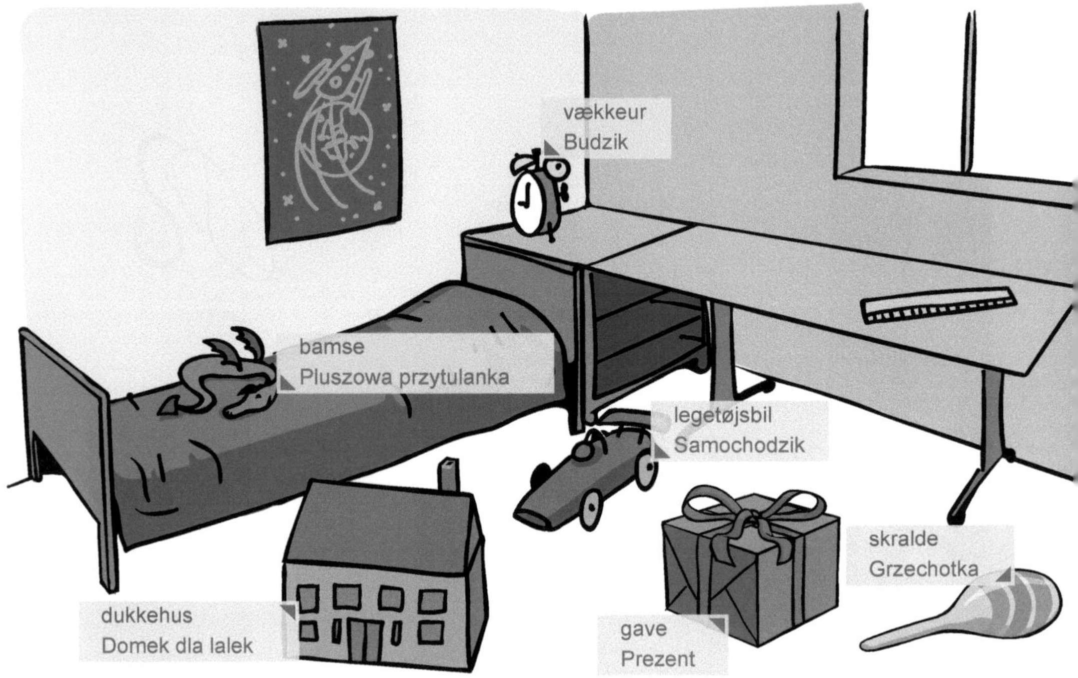
vækkeur
Budzik
bamse
Pluszowa przytulanka
legetøjsbil
Samochodzik
skralde
Grzechotka
dukkehus
Domek dla lalek
gave
Prezent

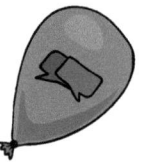

ballon

Balon

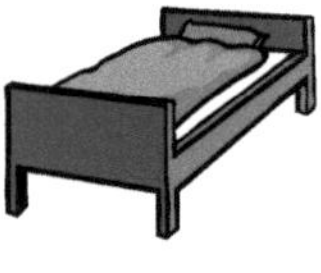

seng

Łóżko

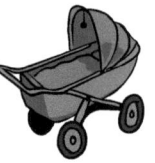

barnevogn

Wózek dziecięcy

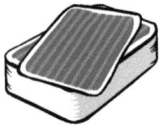

kortspil

Gra w karty

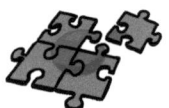

puslespil

Puzzle

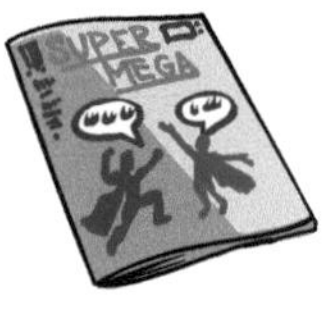

tegneserie

Komiks

legoklodser

Klocki lego

byggeklodser

Klocki

action figur

Action figura

sparkedragt

Śpioszek dziecięcy

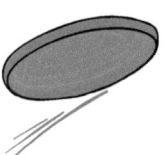

frisbee

Frisbee

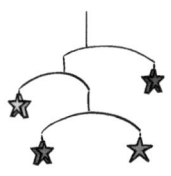

uro

Zabawki ruchome

brætspil

Gra planszowa

terning

Kości

modeljernbane

Kolejka elektryczna

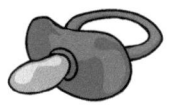

sut

Smoczek

fest

Przyjęcie

billedbog

Książka z ilustracjami

bold

Piłka

dukke

Lalka

lege

bawić się

sandkasse

Piaskownica

gynge

Huśtawka

legetøj

Zabawki

spillekonsol

Konsola do gier

trehjulet cykel

Rowerek trójkołowy

bamse

Pluszowy miś

klædeskab

Szafa ubraniowa

tøj

Ubiór

sokker

Skarpety

strømper

Pończochy

strømpebukser

Rajstopy

sjal
Szal

bælte
Pasek

paraply
Parasol

T-shirt
T-Shirt

sneakers
Obuwie sportowe

støvler
Kozaki

hjemmesko
Pantofle domowe

sandaler
Sandały

sko
Buty

gummistøvler
Kalosze

underbukser
Majtki

BH
Biustonosz

undertrøje
Podkoszulek

tøj - Ubiór

body

Body

bukser

Spodnie

jeans

Dżins

nederdel

Spódnica

bluse

Bluzka

skjorte

Koszula

pullover

Pulower

sweatshirt

Bluza sportowa

blazer

Marynarka

jakke

Kurtka

frakke

Płaszcz

regnfrakke

Płaszcz przeciwdeszczowy

kostume

Kostium

kjole

Sukienka

brudekjole

Suknia ślubna

jakkesæt

Garnitur męski

nattrøje

Koszula nocna

pyjamas

Piżama

sari

Sari

hovedtørklæde

Chusta na głowę

turban

Turban

burka

Burka

kaftan

Kaftan

abaya

Abaya

badedragt

Strój kąpielowy

badebukser

Kąpielówki

korte bukser

Krótkie spodnie

træningsdragt

Dres sportowy

forklæde

Fartuch

handsker

Rękawiczki

knap

Guzik

briller

Okulary

armbånd

Bransoletka

kæde

Łańcuszek

ring

Pierścionek

ørering

Kolczyk

hue

Czapka

bøjle

Wieszak

hat

Kapelusz

slips

Krawat

lynlås

Zamek błyskawiczny

hjelm

Kask

seler

Szelki

skoleuniform

Mundurek szkolny

uniform

Mundur

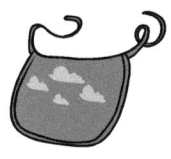

hagesmæk

Śliniaczek

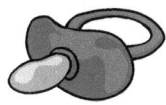

sut

Smoczek

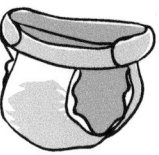

ble

Pieluszka

kontor
Biuro

server
Serwer
arkivskab
Szafa na akta
printer
Drukarka
papir
Papier
skærm
Monitor
skrivebord
Biurko
mus
Mysz
mappe
Segregator
tastatur
Klawiatura
papirkurv
Kosz na odpadki
stol
Krzesło
computer
Komputer

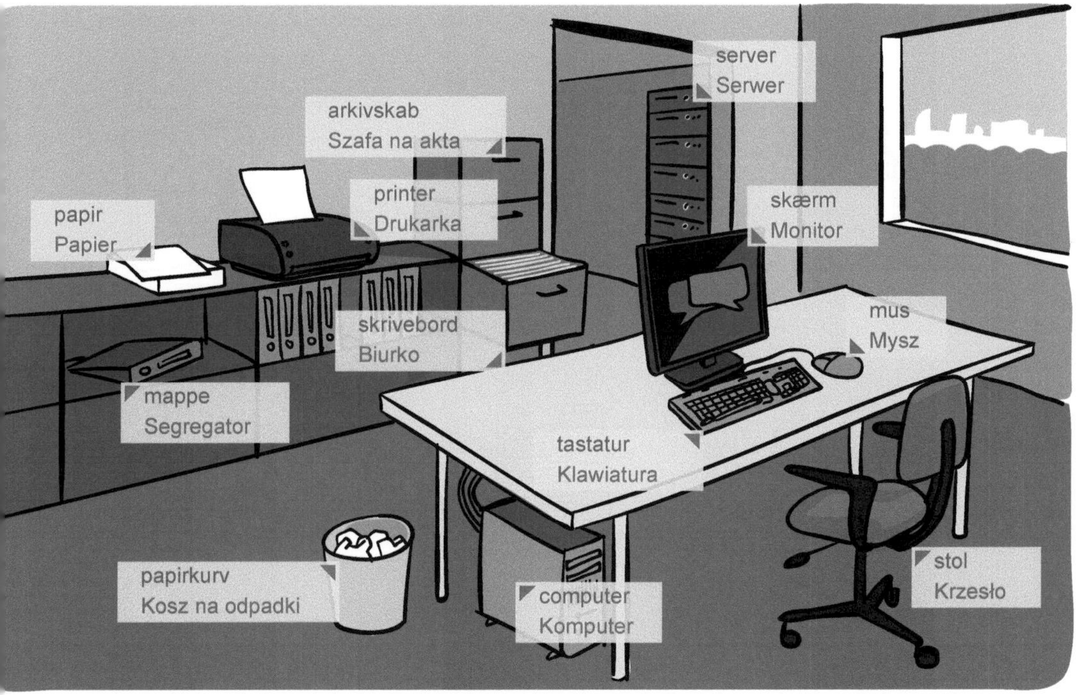

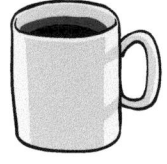

kaffekrus

Filiżanka do kawy

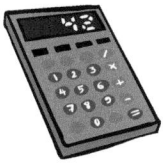

lommeregner

Kalkulator

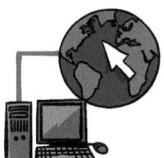

internet

Internet

bærbar

Laptop

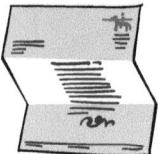

brev

List

besked

Wiadomość

mobil

Komórka

netværk

Sieć

kopimaskine

Kopiarka

software

Oprogramowanie

telefon

Telefon

stikdåse

Gniazdko

fax

Faks

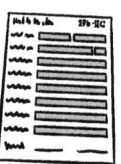

formular

Formularz

dokument

Dokument

købe

kupić

betale

płacić

handle

postępować

penge

Pieniądze

dollar

Dolar

euro

Euro

yen

Jen

rubel

Rubel

schweizerfranc

Frank

renminbi yuan

Juan Renminbi

rupee

Rupia

hæveautomat

Bankomat

vekselkontor

Kantor wymiany walut

guld

Złoto

sølv

Srebro

olie

Olej

energi

Energia

pris

Cena

kontrakt

Umowa

skat

Podatek

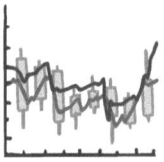

aktie

Akcja

arbejde

pracować

ansat

Pracownik umysłowy

arbejdsgiver

Pracodawca

fabrik

Fabryka

butik

Sklep

politimand
Policjant

brandmand
Strażak

kok
Kucharz

læge
Lekarz

pilot
Pilot

gartner

Ogrodnik

tømrer

Stolarz

syerske

Krawcowa

dommer

Sędzia

kemiker

Chemik

skuespiller

Aktor

buschauffør

Kierowca autobusu

taxachauffør

Taksówkarz

fisker

Fischer

rengøringskone

Sprzątaczka

tagdækker

Dekarz

tjener

Kelner

jæger

Myśliwy

maler

Malarz

bager

Piekarz

elektriker

Elektryk

bygningsarbejder

Robotnik budowlany

ingeniør

Inżynier

slagter

Rzeźnik

vvs-mand

Instalator

postbud

Listonosz

soldat

Żołnierz

arkitekt

Architekt

kasserer

Kasjer

blomsterhandler

Florysta

frisør

Fryzjer

togfører

Konduktor

mekaniker

Mechanik

kaptajn

Kapitan

tandlæge

Dentysta

videnskabsmand

Naukowiec

rabbiner

Rabin

imam

Imam

munk

Mnich

præst

Proboszcz

værktøj

Narzędzia

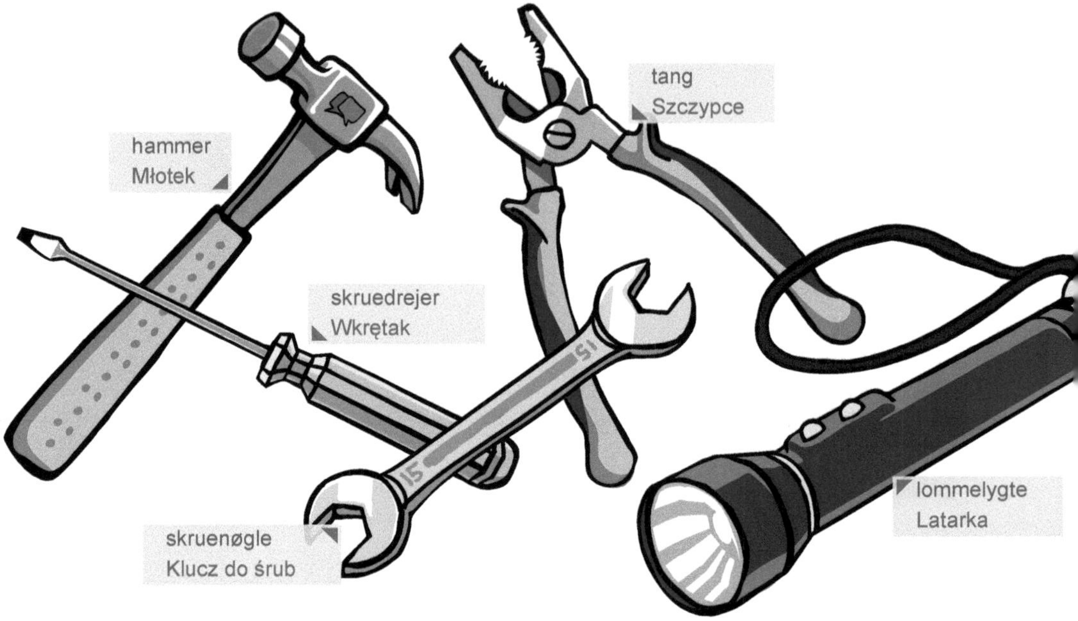

tang
Szczypce
hammer
Młotek
skruedrejer
Wkrętak
skruenøgle
Klucz do śrub
lommelygte
Latarka

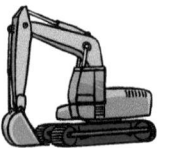

gravemaskine

Koparka

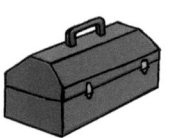

værktøjskasse

Skrzynka narzędziowa

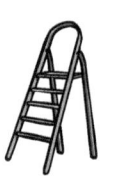

stige

Drabina

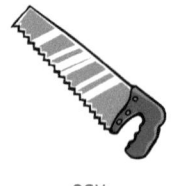

sav

Piła

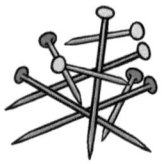

søm

Gwoździe

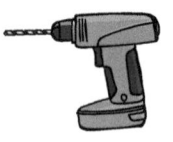

bor

Wiertło

reparere

naprawić

skovl

Łopatka

Lort!

Cholera!

fejebakke

Szufelka

malerspand

Puszka z farbą

skruer

Śruby

musikinstrumenter
Instrumenty muzyczne

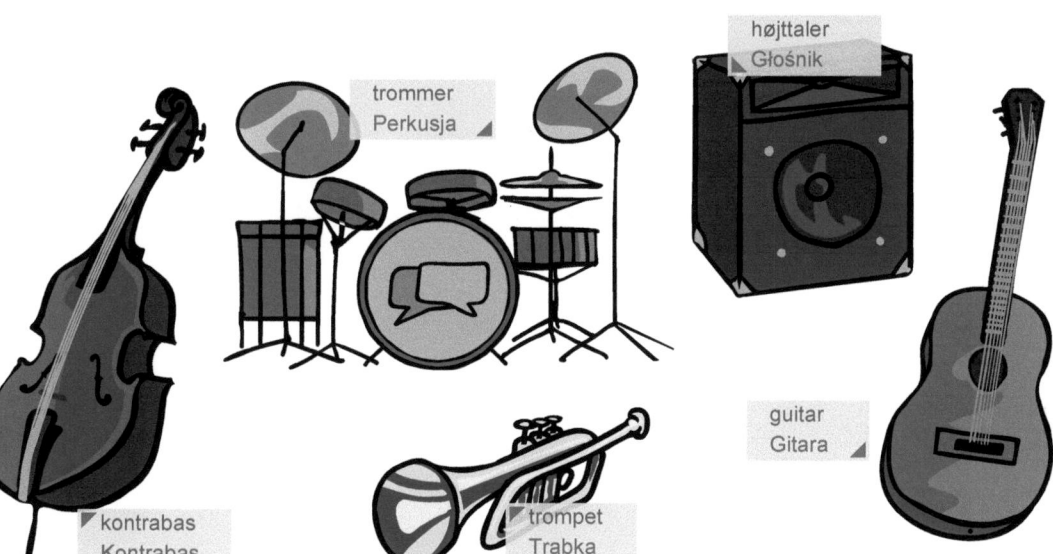

trommer
Perkusja

højttaler
Głośnik

guitar
Gitara

kontrabas
Kontrabas

trompet
Trąbka

klaver

Pianino

violin

Skrzypce

bas

Bas

pauke

Kotły

tromme

Bęben

keyboard

Keyboard

saxofon

Saksofon

fløjte

Flet

mikrofon

Mikrofon

zoo
Zoo

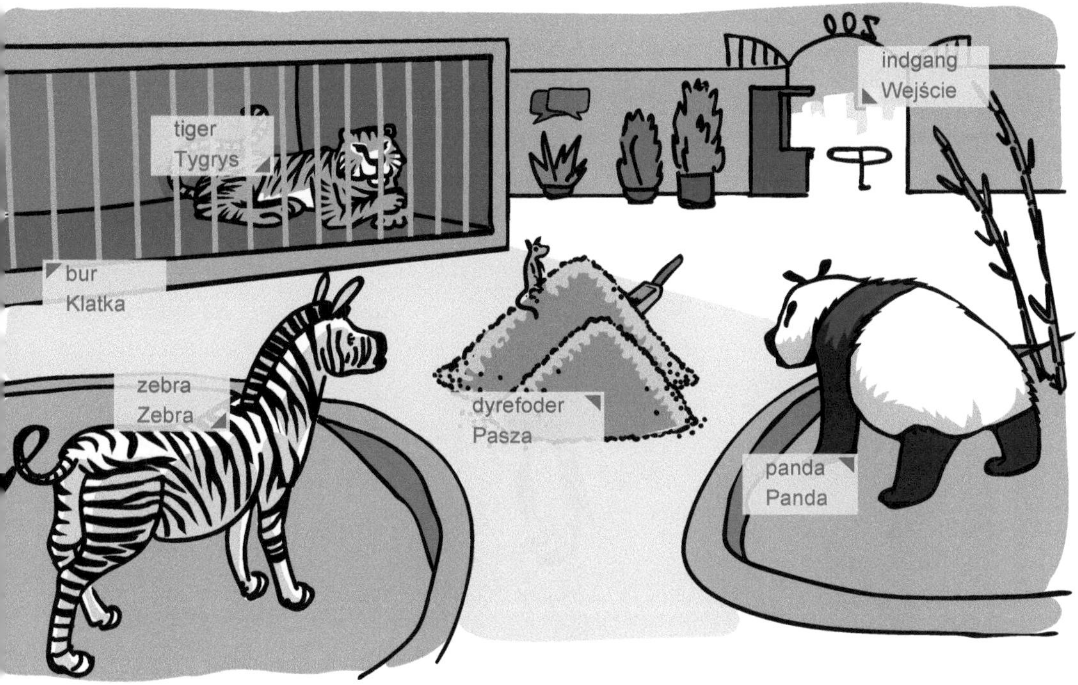

tiger
Tygrys
indgang
Wejście
bur
Klatka
zebra
Zebra
dyrefoder
Pasza
panda
Panda

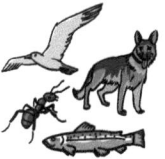

dyr

Zwierzęta

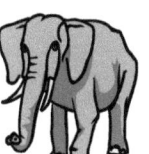

elefant

Słoń

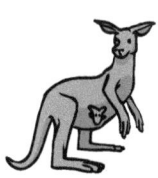

kænguru

Kangur

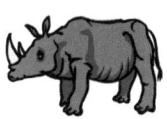

næsehorn

Nosorożec

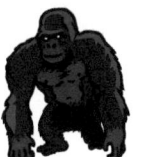

gorilla

Goryl

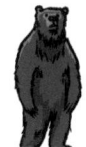

bjørn

Niedźwiedź

kamel

Wielbłąd

struds

Struś

løve

Lew

abe

Małpa

flamingo

Fleming

papegøje

Papuga

isbjørn

Niedźwiedź polarny

pingvin

Pingwin

haj

Rekin

påfugl

Paw

slange

Wąż

krokodille

Krokodyl

dyrepasser

Dozorca w zoo

sæl

Foka

jaguar

Jaguar

pony

Kucyk

leopard

Gepard

flodhest

Hipopotam

giraf

Żyrafa

ørn

Orzeł

vildsvin

Dzik

fisk

Ryba

skildpadde

Żółw

hvalros

Mors

ræv

Lis

gazelle

Gazela

amerikansk football
Futbol amerykański

cykling
Kolarstwo

tennis
Tenis

basketball
Koszykówka

svømning
Pływanie

boksning
Boks

ishockey
Hokej na lodzie

fodbold
Piłka nożna

badminton
Badminton

atletik
Lekka atletyka

håndbold
Piłka ręczna

skiløb
Narciarstwo

polo
Polo

aktiviteter
Działania

springe
skakać
give et knus
objąć
grine
śmiać się
gå
iść
synge
śpiewać
drømme
marzyć
bede
modlić się
kysse
całować

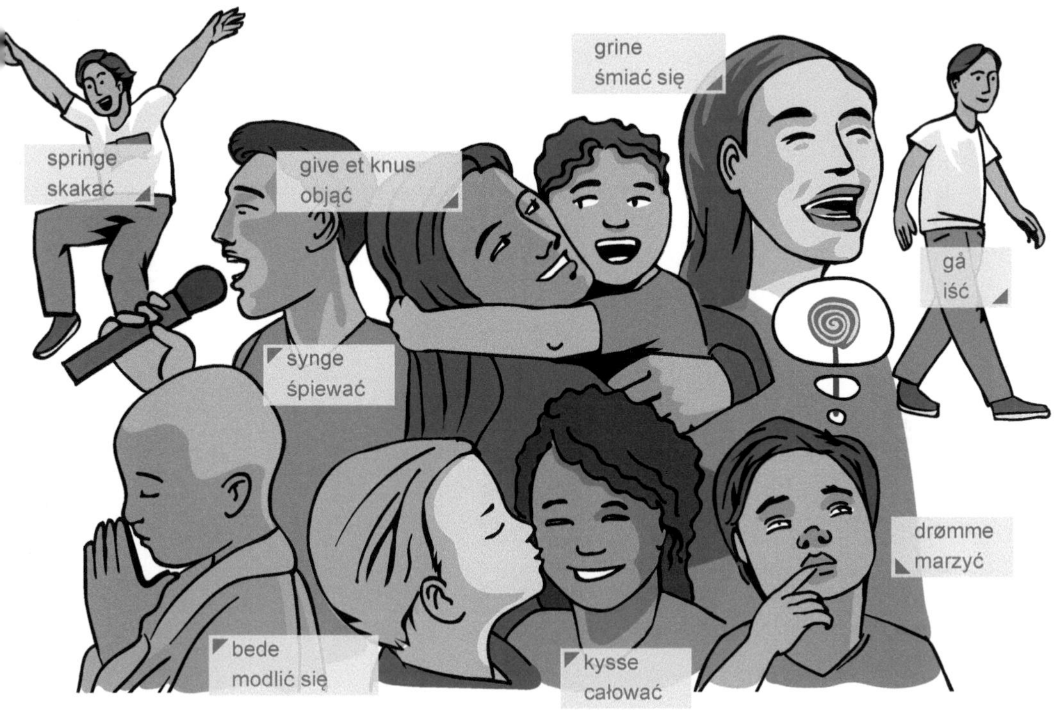

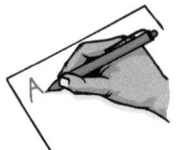

skrive
pisać

tegne
rysować

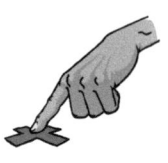

vise
pokazywać

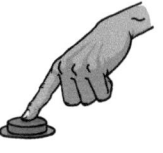

skubbe
nacisnąć

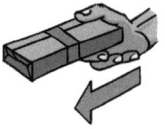

give
dać

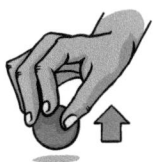

tage
wziąć

have
mieć

gøre
robić

være
być

stå
stać

løbe
biegać

trække
ciągnąć

kaste
rzucać

falde
spaść

ligge
leżeć

vente
czekać

bære
nosić

sidde
siedzieć

tage på
zakładać

sove
spać

vågne
budzić się

se på
....
spojrzeć

græde
....
płakać

ae
....
głaskać

kæmme
....
czesać się

tale
....
mówić

forstå
....
rozumieć

spørge
....
pytać

høre
....
słyszeć

drikke
....
pić

spise
....
jeść

rydde op
....
sprzątać

elske
....
kochać

koge
....
gotować

køre
....
jechać

flyve
....
latać

sejle

żeglować

regne

liczyć

læse

czytać

lære

uczyć się

arbejde

pracować

gifte sig med

wejść w związek małżeński

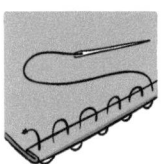

sy

szyć

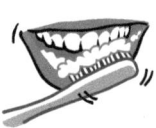

børste tænder

myć zęby

dræbe

zabić

ryge

palić tytoń

sende

wysłać

bedstemor
Babcia

bedstefar
Dziadek

far
Ojciec

mor
Matka

baby
Niemowlę

datter
Córka

søn
Syn

gæst
Gość

tante
Ciotka

onkel
Wujek

bror
Brat

søster
Siostra

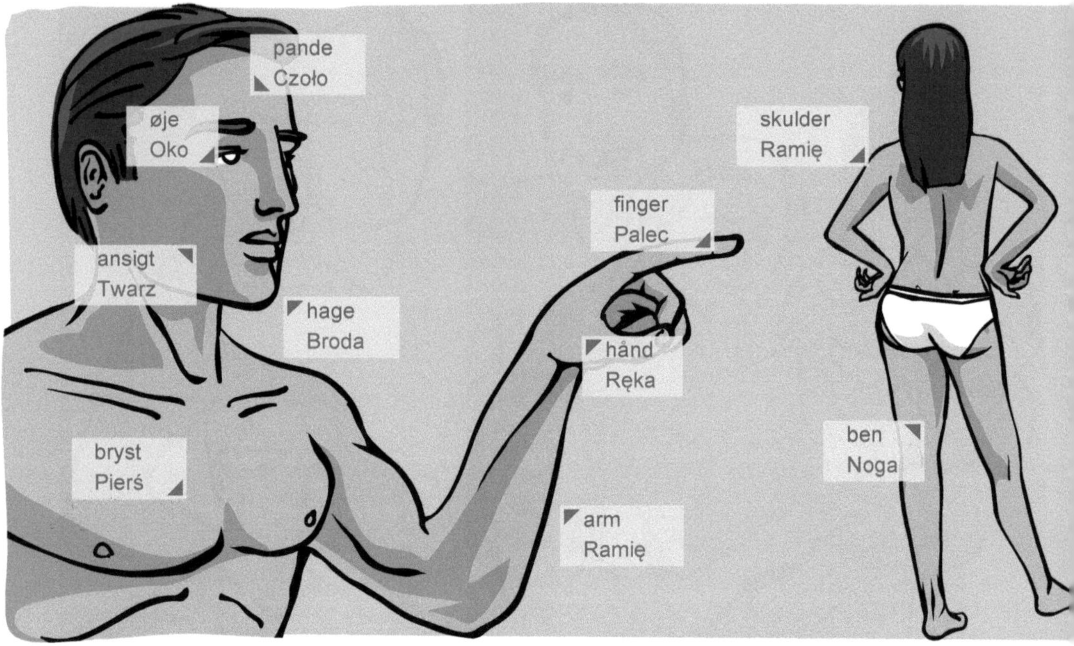

pande
Czoło

øje
Oko

skulder
Ramię

finger
Palec

ansigt
Twarz

hage
Broda

hånd
Ręka

bryst
Pierś

ben
Noga

arm
Ramię

baby

Niemowlę

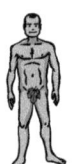

mand

Mężczyzna

kvinde

Kobieta

pige

Dziewczyna

dreng

Chłopiec

hoved

Głowa

ryg

Plecy

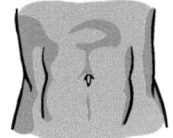

mave

Brzuch

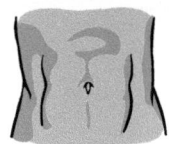

navle

Pępek

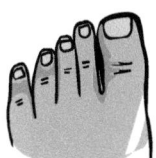

tå

palec nogi

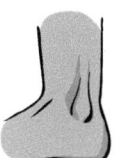

hæl

Pięta

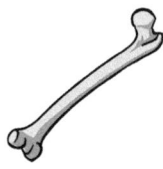

knogle

Kość

hofte

Biodro

knæ

Kolano

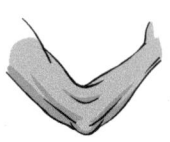

albue

Łokieć

næse

Nos

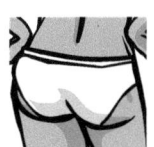

bagdel

Pośladki

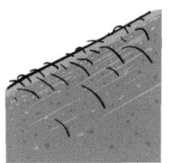

hud

Skóra

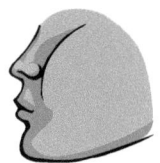

kind

Policzek

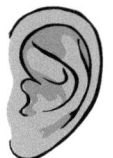

øre

Uszy

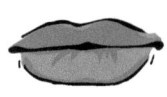

læbe

Warga

mund

Usta

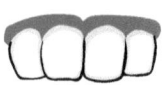

tand

Ząb

tunge

Język

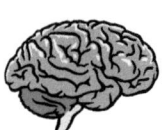

hjerne

Mózg

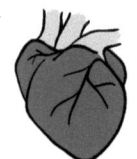

hjerte

Serce

muskel

Mięsień

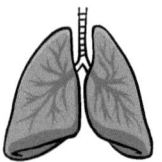

lunge

Płuca

lever

Wątroba

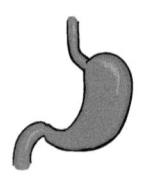

mavesæk

Żołądek

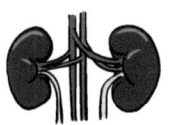

nyrer

Nerki

sex

Stosunek płciowy

kondom

Kondom

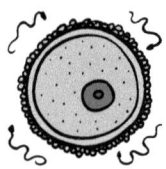

ægcelle

Komórka jajowa

sperm

Sperma

svangerskab

Ciąża

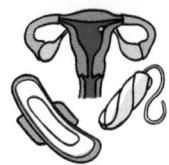

menstruation

Menstruacja

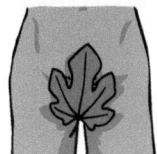

vagina

Wagina

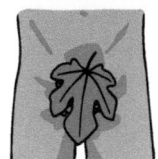

penis

Penis

øjenbryn

Brew

hår

Włosy

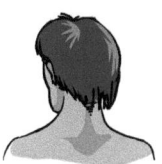

hals

Szyja

sygehus
Szpital

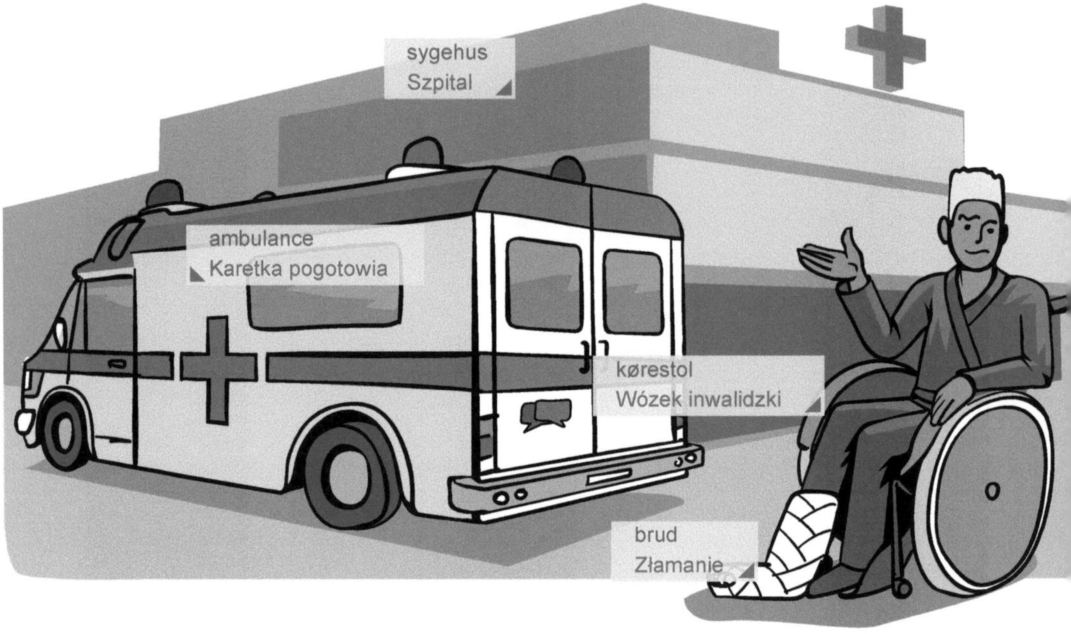

sygehus
Szpital
ambulance
Karetka pogotowia
kørestol
Wózek inwalidzki
brud
Złamanie

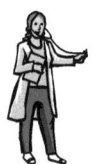

lægge

Lekarz

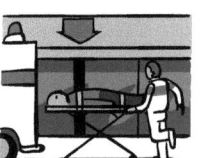

akutmodtagelse

Izba przyjęć

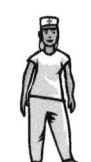

sygeplejerske

Pielęgniarka

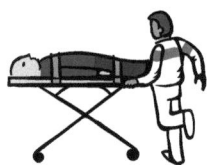

nødstilfælde

Nagły przypadek

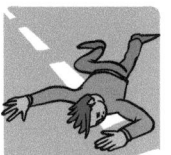

bevidstløs

nieprzytomny

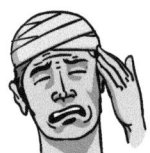

smerte

Ból

skade

Skaleczenie

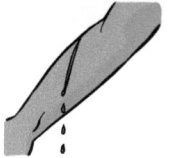

blødning

Krwawienie

hjerteinfarkt

Zawał serca

slagtilfælde

Udar mózgu

allergi

Alergia

hoste

Kaszleć

feber

Gorączka

influenza

Grypa

diarré

Biegunka

hovedpine

Ból głowy

kræft

Rak

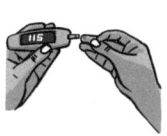

diabetes

Cukrzyca

kirurg

Chirurg

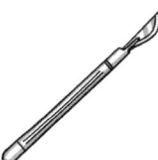

skalpel

Skalpel

operation

Operacja

CT

CT

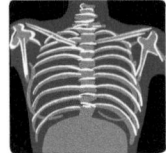

røntgen

Rentgen

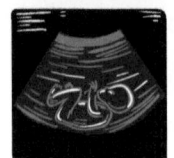

ultralyd

Ultradźwięki

maske

Maska

sygdom

Choroba

venteværelse

Poczekalnia

krykke

Kula

plaster

Plaster

forbinding

Opatrunek

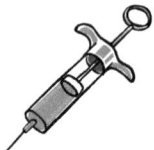

injektion

Iniekcja

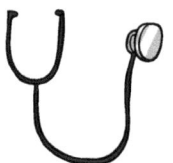

stetoskop

Stetoskop

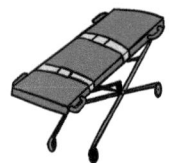

båre

Nosze

termometer

Termometr

fødsel

Poród

overvægt

Nadwaga

høreapparat

Aparat słuchowy

desinficerende middel

Środek dezynfekcyjny

infektion

Infekcja

virus

Wirus

HIV / AIDS

HIV / AIDS

medicin

Medycyna

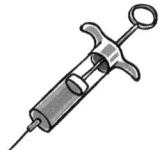

vaccination

Szczepienie

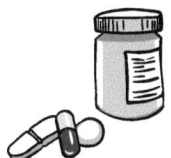

tabletter

Tabletki

pille

Pigułka

nødopkald

Telefon ratunkowy

blodtryksmåler

Ciśnieniomierz krwi

syg / rask

chory / zdrowy

Hjælp!

Pomocy!

alarm

Alarm

overfald

Napad

angreb

Atak

fare

Niebezpieczeństwo

nødudgang

Wyjście awaryjne

Det brænder!

Pożar!

ildslukker

Gaśnica

uheld

Wypadek

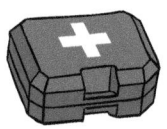

førstehjælps-kuffert

Walizeczka pierwszej
pomocy

SOS

SOS

politi

Policja

Europa

Europa

Nordamerika

Ameryka Północna

Sydamerika

Ameryka Południowa

Afrika

Afryka

Asien

Azja

Australien

Australia

Atlanterhavet

Atlantyk

Stillehavet

Pacyfik

Indiske Ocean

Ocean Indyjski

Sydlige Ishav

Ocean Antarktyczny

Ishav

Ocean Arktyczny

Nordpol

Biegun północny

Sydpol

Biegun południowy

Antarktis

Antarktyda

Jorden

Ziemia

land

Kraj

hav

Morze

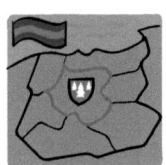

ø

Wyspa

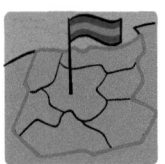

nation

Naród

stat

Państwo

urskive

Cyferblat

timeviser

Wskazówka godzinowa

minutviser

Wskazówka minutowa

sekundviser

Wskazówka sekundowa

Hvad er klokken?

Która godzina?

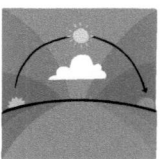

dag

Dzień

tid

Czas

nu

teraz

digitalur

Zegarek digitalny

minut

Minuta

time

Godzina

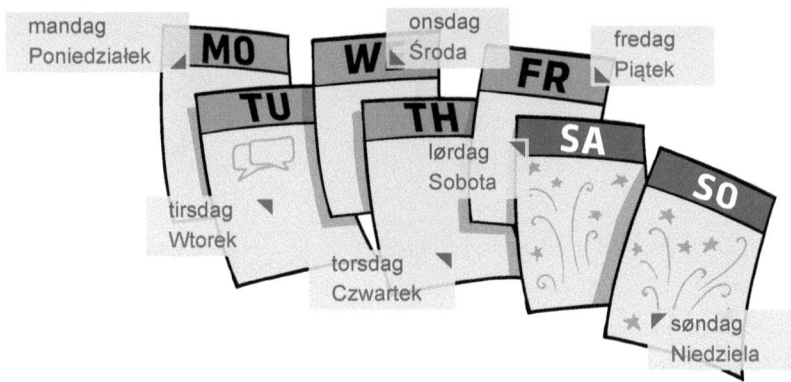

mandag
Poniedziałek

onsdag
Środa

fredag
Piątek

tirsdag
Wtorek

torsdag
Czwartek

lørdag
Sobota

søndag
Niedziela

i går
....
wczoraj

i dag
....
dzisiaj

i morgen
....
jutro

morgen
....
Rano

middag
....
Południe

aften
....
Wieczór

arbejdsdage
....
Dni robocze

weekend
....
Weekend

år
Rok

regnbue
Tęcza
regn
Deszcz
sne
Śnieg
vind
Wiatr
forår
Wiosna
efterår
Jesień
sommer
Lato
vinter
Zima

4.APRIL 11°
5.APRIL 4°
6.APRIL 13°
7.APRIL 8°
8.APRIL 10°

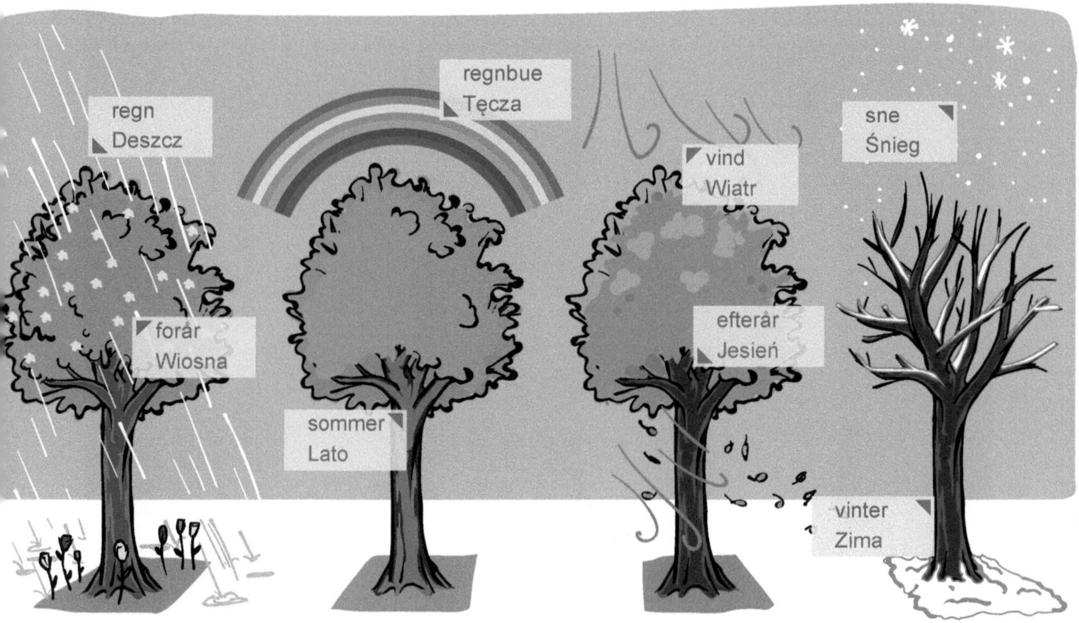

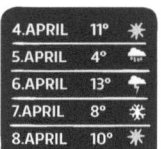

vejrudsigt

Prognoza pogody

F C
120 40
90 30
60 20
30 10
0 0
-30 -10
-20

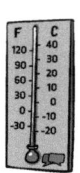

termometer

Termometr

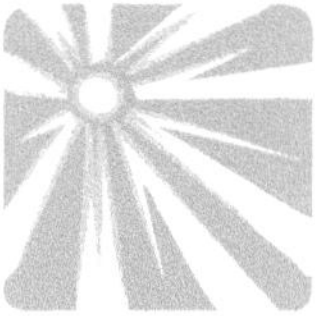

solskin

Światło słoneczne

sky

Chmura

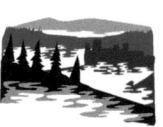

tåge

Mgła

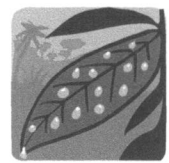

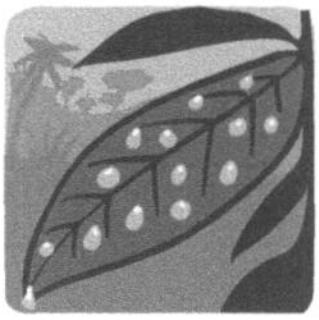

luftfugtighed

Wilgotność powietrza

lyn

Błyskawica

torden

Grzmot

storm

Sztorm

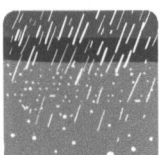

hagl

Grad

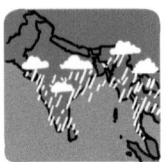

monsun

Monsun

flod

Potop

is

Lód

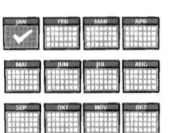

januar

Styczeń

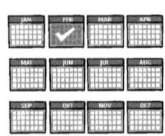

februar

Luty

marts

Marzec

april

Kwiecień

maj

Maj

juni

Czerwiec

juli

Lipiec

august

Sierpień

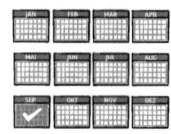

september
....
Wrzesień

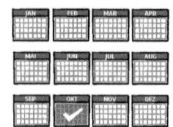

oktober
....
Październik

november
....
Listopad

december
....
Grudzień

cirkel
....
Koło

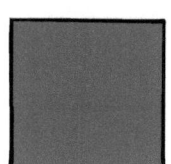

kvadrat
....
Kwadrat

firkant
....
Prostokąt

trekant
....
Trójkąt

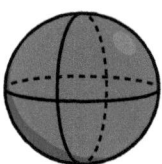

kugle
....
Kula

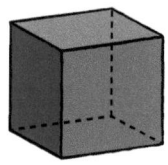

terning
....
Sześcian

hvid

biały

gul

żółty

orange

pomarańczowy

pink

różowy

rød

czerwony

lilla

liliowy

blå

niebieski

grøn

zielony

brun

brązowy

grå

szary

sort

czarny

meget / lidt

dużo / mało

rasende / fredelig

wściekły / spokojny

smuk / grim

piękny / brzydki

begyndelse / slut

początek / koniec

stor / lille

duży / mały

lys / mørk

jasny / ciemny

bror / søster

brat / siostra

ren / snavset

czysty / brudny

fuldkommen / ufuldkommen

kompletny / niekompletny

dag / nat

dzień / noc

død / levende

umarły / żywy

bred / smal

szeroki / wąski

spiselig / uspiselig

jadalny / niejadalny

vred / venlig

zły / uprzejmy

ophidset / kedet

podniecony / znudzony

tyk / tynd

gruby / chudy

først / sidst

najpierw / na końcu

ven / fjende

przyjaciel / wróg

fuld / tom

pełen / pusty

hård / blød

twardy / miękki

tung / let

ciężki / lekki

sult / tørst

głód / pragnienie

syg / rask

chory / zdrowy

illegal / legal

nielegalny / legalny

intelligent / dum

inteligentny / głupi

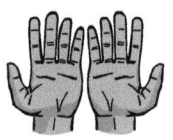

venstre / højre

lewo / prawo

nær / fjern

bliski / daleki

ny / brugt

nowy / używany

intet / noget

nic / coś

gammel / ung

stary / młody

tændt / slukket

włącz / wyłącz

åben / lukket

otwarty / zamknięty

stille / højt

cichy / głośny

rig / fattig

bogaty / biedny

rigtig / forkert

prawidłowy / błędny

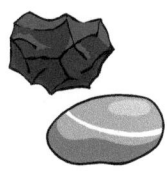

ru / glat

chropowaty / gładki

ked af det / lykkelig

smutny / szczęśliwy

kort / lang

krótki / długi

langsom / hurtig

powolny / szybki

våd / tør

mokry/suchy

varm / kold

ciepły / chłodny

krig / fred

wojna / pokój

Liczby

0	**1**	**2**
nul	en	to
zero	jeden	dwa
3	**4**	**5**
tre	fire	fem
trzy	cztery	pięć
6	**7**	**8**
seks	syv	otte
sześć	siedem	osiem
9	**10**	**11**
ni	ti	elleve
dziewięć	dziesięć	jedenaście

12

tolv

dwanaście

13

tretten

trzynaście

14

fjorten

czternaście

15

femten

piętnaście

16

seksten

szesnaście

17

sytten

siedemnaście

18

atten

osiemnaście

19

nitten

dziewiętnaście

20

tyve

dwadzieścia

100

hundrede

sto

1.000

tusinde

tysiąc

1.000.000

million

milion

engelsk

Angielski

amerikansk engelsk

Angielski amerykański

kinesisk mandarin

Chiński mandaryński

hindi

Hindi

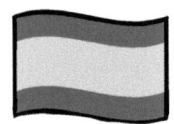

spansk

Hiszpański

fransk

Francuski

arabisk

Arabski

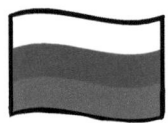

russisk

Rosyjski

portugisisk

Portugalski

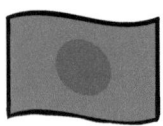

bengalsk

Bengalski

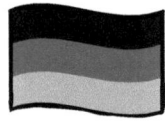

tysk

Niemiecki

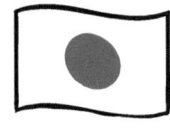

japansk

Japoński

jeg

ja

du

ty

han / hun / den / det

on / ona / ono

vi

my

I

wy

de

oni

hvem?

kto?

hvad?

co?

hvordan?

jak?

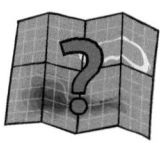

hvor?

gdzie?

hvornår?

kiedy?

navn

Nazwisko

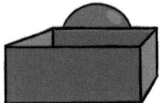

bag

za

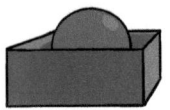

i

w

foran

przed

over

powyżej

på

na

under

pod

ved siden af

obok

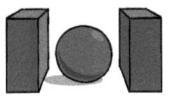

imellem

między

sted

Miejsce